EL RITMO
DE MI ALMA

EL RITMO
DE MI ALMA

TAPATI BHAUMIK

El Ritmo De Mi Alma

Copyright © 2019 by Tapati Bhaumik. All rights reserved.

No part of this publication may be reproduced, stored in a retrieval system or transmitted in any way by any means, electronic, mechanical, photocopy, recording or otherwise without the prior permission of the author except as provided by USA copyright law.

The opinions expressed by the author are not necessarily those of URLink Print and Media.

1603 Capitol Ave., Suite 310 Cheyenne, Wyoming USA 82001
1-888-980-6523 | admin@urlinkpublishing.com

URLink Print and Media is committed to excellence in the publishing industry.

Book design copyright © 2019 by URLink Print and Media. All rights reserved.

Published in the United States of America

ISBN 978-1-64367-990-7 (Paperback)
ISBN 978-1-64367-989-1 (Digital)

13.09.19

A mis queridas hijas Tanya y Munia

Contents

POEMAS DEVOCIONALES
    Sri Ma 13
    El ritmo de mi alma 14
    Reflejo 15
    Parches celestiales 16
    Mi madre 17
    Saludo 18
    Sueño 19
    Salutación al Señor Buda 20
    Rendirse a la Llamada Final 21

POEMAS SOBRE LA NATURALEZA
    Detrás de los colores del otoño 25
    Follaje de invierno 26
    La vida es bella 27
    Sonrisa preciosa 28
    Naturaleza majestuosa 29
    Barranco azul 30
    Amanecer 31
    Elixir de la naturaleza 32
    Serena Madre Tierra 33

POEMAS DE AMOR
    Misisipí de cerca 37
    Crucero en Alaska 38
    Noche de verano 39
    El amor es encantador 40
    Mi Valentín 41

OTROS POEMAS

Sé sincero 45
Día del padre 46
El último atardecer 47
Saludo a un alma eterna 48
Bote de basura 49
Inolvidable 50
Dolor no contado 51
Esperanza 52
Alma dividida 53
Caída detrás de la serenidad 55
Belleza en mi patio trasero 56
Folsom 58
Matrimonio arreglado 60
Alma preciosa 61
La pérdida de un ser querido 62
Nuestro amor 63
Depresión 64
El espejo y yo 65
Doncella intacta 66
Invitado no invitado 67

Introducción

Soy amante de la poesía desde muy joven. Me encanta leer y recitar variedad de poesías. La vida no tiene sentido para mí sin arte y poesía. Este es mi primer libro de poemas. Mis poemas son un verdadero reflejo de mi filosofía. Los he escrito para expresar mis sentimientos y preocupaciones sobre el mundo. Creo que todos somos una familia en este planeta. Podemos tener diferentes maneras de vivir, pero nuestro objetivo es nutrir las almas dando a los otros lo mejor de nosotros mismos. Espero que disfrutes estos poemas. Estoy muy contenta de compartirlos contigo. Hoy no podría ser poeta sin el apoyo de mi hija menor Munia, que me inscribió en un curso de poesía en Berkley Extension. También quiero agradecer a mi hija mayor Tanya y a mi yerno Sujit por su apoyo y aliento. Me gustaría agradecer a mi amado esposo Ashish Bhaumik por ayudarme a preparar este manuscrito y por su constante apoyo.

POEMAS DEVOCIONALES

Sri Ma

Mi querida madre, al mirar tu rostro sereno, mi corazón se llena de gozo tocado por tu gracia, tu corazón maternal lleno de amor y compasión no conoce límites, esparce bendiciones en todas direcciones, no discriminas a tus hijos altos o bajos, emanas amor y bondad para todos.

*Inclino la cabeza a tus pies en la celebración de tu cumpleaños
Siento tu presencia en este universo de rotación constante
Sé que tu espíritu cristalino está presente en cada partícula
Para velar por nosotros en el agua, tierra y cielo de círculo infinito Incluso ahora tus bendiciones nos unen a todos
Para hacernos comprender mejor el sentido de la vida.*

Si puedo practicar muy poco de tu lección Esta dice "ama el mundo con amabilidad y razón Ve lo que está mal en ti y trabaja hacia la perfección En lugar de ver fallas en otros y su acción."

El ritmo de mi alma

No tengo ojos para verte
Sin embargo, siento tu presencia en mi corazón
Me creas todos los días
Me das fuerza y sabiduría
Estás conmigo en mi pena y felicidad
Transformas mis penas en compasión
Puedo sentir la tristeza de los demás.

Escucho tus pasos
Cuando estoy sentada tranquilamente
La luz de la mañana es dulce
Las canciones de las olas plateadas son alegres
Las suaves nubes flotantes son serenas
El silencioso murmullo de la brisa marina
Eleva mi alma
Estás ahí para mí en todos los sentidos
Tu divinidad está en acción
Te veo cuando cierro los ojos.

Reflejo

Santo templo dorado en una colina
Destaca bajo el cielo azul
Reflejándose desde el lago claro
El agua atrae
Las nubes blancas se acercan
La luz se refleja como un pájaro que vuela
Creando la ilusión del Cielo
El templo brilla
Esta escena sin igual absorbe mi mente
¿Una magnífica arquitectura
da la bienvenida a la humanidad o la divide?
Una iglesia, un templo, una mezquita
¿Hay alguna diferencia?
Todos son hermosos por dentro o
Uno crea a las personas elegidas
Cuando un templo de amor y compasión
Nos dará la bienvenida como uno
Las mentes brillarán como el oro
Tomados de las manos extendiéndose.

Parches celestiales

Parches celestiales
La llamada de Dios llega a mi alma opaca
Me ilumina.

Lo busco
Miro hacia arriba en el cielo
Miro hacia abajo en la tierra.

Él dice silenciosamente
Yo vivo dentro de ti
Despierta.

Mi madre

Una hermosa mujer pequeña
Vestida de manera sencilla
Lleva una sonrisa radiante como una rosa fresca
Su sonrisa quita todo nuestro dolor
Es como las olas tranquilas de un mar turbulento
No estas ahí para mí hoy
Pero tu espíritu está presente en
Cada partícula de mi alma que vino de ti
Me enseñaste a amar el mundo con amabilidad
Me diste la fuerza para seguir adelante
Tus lecciones son mis lecciones como madre
Inclino la cabeza por enseñarme las cosas bien
Que mi visión sea justa y pura
Por tu inmortal espíritu de amor
Nuestros bellos momentos juntas son
Como páginas de un viaje inolvidable
escritas en tinta eterna
en el libro de recuerdos de mi vida.

Saludo

¿La has visto?
Destaca alta entre millones
Es delgada pero fuerte
Es majestuosa como una pieza de granito
asentada por muchos años
Toma el dolor del mal tiempo
Protege a su familia
Es la madre de todos los cercanos y queridos.

Es dura por fuera
Dulce y suave por dentro como un coco
Los ama a todos profundamente
Vive por sus valores y principios
Un ejemplo de coraje
Tiene un lugar especial en mi corazón
Una madre amorosa
La saludo con profundo respeto.

Sueño

Anoche fue diferente a las demás
Me cautivó su intensidad
Sacó una verdad eterna que
Se encuentra en lo profundo de nuestro corazón
Un sueño vívido desveló la muerte
La abracé como un querido amigo
Fuego carmesí rodeó mi cuerpo
Me transformé en cenizas
Me devolví a la tierra que
Tan amorosamente me sostuvo por años
No estoy separada de ti
Mi alma es eterna en ti.

Salutación al Señor Buda

Oh gran alma noble
Viniste en un día de luna llena
A iluminar a la humanidad
Y conducirla hacia la liberación.

Oh cara compasiva
La realización de la verdad última
Sentada bajo la higuera de Bengala
Trajiste una nueva luz al mundo.

Oh gran humanista
Renunciaste a tu reinado
Para amar a la gente común
Hoy eres el rey en cada corazón.

Oh Dios de gracia
Inclino mi cabeza a tus pies
Bendíceme
Para no tener miedo al sufrimiento terrenal.

Rendirse a la Llamada Final

Esta noche estoy lista
Recíbeme en tu corazón amoroso
Soy libre de esclavitud
Volando a través de las nubes flotantes
Escuchando el susurro del viento

Querida Madre Tierra
Pasé muchos años de alegría y dolor
En tu amor incondicional
Me diste regalos extraordinarios
Rosas para amar y cuidar

Tu sereno y simple cielo azul
Tus rayos de plata de la mañana silenciosa
Me hacen olvidar el dolor
Mi alma rejuvenecida
Difunde música de esperanza

Muchos recuerdos preciosos
Muchas caras de amor y amistad
Todo lo llevo conmigo
Te saludo con profunda gratitud
Mientras digo adiós

POEMAS SOBRE LA NATURALEZA

Detrás de los colores del otoño

Perdido en medio de los bosques inocentes
Las hojas se abrazan
Vestidas en rosa, dorado, rojo y amarillo
El agua tranquila del lago refleja un país de ensueño.
El cielo sereno está pintado en tonos pastel
Una galería de fotos
Nada más que el toque del otoño
Un comienzo encantador.
Despierto capturo el regalo de la naturaleza
Que rejuvenece mi alma aburrida
Me atrae como el encanto de una joven
Mi cuerpo y mi alma perdidos en éxtasis.
La suave brisa toca mis mejillas
Como suaves besos románticos
Gotas de rocío sobre la hierba verde
Mira mi aventura con asombro.

Follaje de invierno

Follaje de invierno
Criatura juguetona aventurera
atrae el regalo del Creador.

Su creación
Cielo azul suave brisa
Pastos verdes.

Deja esta criatura
Vivir entre nosotros
No pierdas el regalo de Dios.

La vida es bella

Cielo en tonos pastel
Bienvenida encantadora primavera
La vida es bella.
Las flores florecen
Los pájaros cantan
La vida es bella.
El invierno desaparece
Una nueva vida llega a la tierra
La vida es bella.
La pintura única de la naturaleza
Refleja una delicada tranquilidad
La vida es bella.

Sonrisa preciosa

Una sonrisa preciosa
El girasol habla con ella
Él observa la unidad.

Una sonrisa puede ganar
El mundo desconocido
Y acercar a los distantes.

Vamos a sonreír todos
No importa lo difícil que sea la vida
La sonrisa es un regalo precioso.

Naturaleza majestuosa

La majestuosidad de la naturaleza
Permea la gloria divina
Aporta tranquilidad.

Las montañas altas
Las olas de plata de la noche iluminada por la luna
Calman nuestra alma.

Ama y cuida la naturaleza
Ella nos nutre
Mientras vamos y venimos en sus brazos.

Barranco azul

Un barranco azul fluye detrás de mi patio trasero
Melodiosamente
Llevando una melodía desconocida.
La alta hierba verde
Cornejos inclinados vestidos de rosa
Se reflejan en su espejo de agua.
Ella es mi dulce amor
Encantadora en su tranquilidad
No puedo extrañarla un día.
El agua atrae
El viento místico me sigue
Celoso de llamar su atención.
Camino cerca de su ser interior
sus infinitas ondulaciones fútiles
Resuena el amor.
Grullas azules, jilgueros, gansos ocupados
Moviendo alegremente sus alas
Todos encuentran consuelo en su pecho.
Ella es el elixir de mi vida
Después de un día seco de soledad
Ella me rejuvenece para el mañana.

Amanecer

El primer rayo dorado de la naturaleza
Curvó su camino
El cielo de la mañana está encantado
Es un toque mágico
El naranja brillante cubre el horizonte
El sol carmesí baila de alegría
La alondra se eleva alto en el cielo cantando
A un horizonte desconocido
El comienzo encantador de un nuevo día
Nos esforzamos por el triunfo y el fracaso
por los que nos has vuelto a crear hoy.

Elixir de la naturaleza

El río fluye cuesta abajo
Corriendo para abrazar el mundo
Su voz alta y armoniosa
Despierta el bosque tranquilo de su sueño
para anunciar su aparición
El agua girando pasa
Llevando la historia de la eterna "saga humana"
De un extremo del mundo al otro
Me pregunto cómo los pliegues de la historia de mi vida
Se transformaron a lo desconocido
El toque mágico del sol anima el agua
Se forman espumas blancas espectaculares
Burbujas fútiles de infinita alegría
El agua se evapora en el aire
Se derramará sobre nosotros en su arrebato
Nada se pierde en el universo
La divinidad está aquí.

Serena Madre Tierra

Copos de nieve están cayendo
Como pétalos de jazmín blancos y puros
Como si las bendiciones de Dios
Alcanzaran el alma de la Tierra.
Todo se vuelve blanco
La Madre Tierra vestida
En un suave atuendo blanco
Está rejuvenecida.
Su impecable estado de ánimo meditando
Trae paz a la Tierra
En silencio me rindo
A sus pies de loto.
La he visto de muchas maneras
Pero este nuevo estilo cambia
El mundo ocupado
por un nido acogedor y tranquilo.

POEMAS DE AMOR

Misisipí de cerca

El sol se pone lentamente sobre el río Misisipí
reflejando dorado, naranja, carmesí
El majestuoso lienzo de la naturaleza
se extiende sobre el agua
Los barcos llevan almas anhelantes
Suavemente en cámara lenta
La música crea vibraciones románticas
Todos cambiamos.
El agua azul suaviza nuestras almas
Los corazones de los amantes florecen
Mientras bailamos, tomados de la mano,
Emociones no contadas en los ojos del otro
Miro los ojos de mi amado
Se enciende una chispa de amor
El río tiene un poder tan fuerte
Que saca lo mejor de los humanos.

Crucero en Alaska

Un deseo de por vida
Crucero en Alaska
Dos corazones flotantes
Anhelando renovar.
Emociones durmientes
Escondidas bajo
La lucha diaria
Perdiendo la vista.
Estos pocos despreocupados
Días solo nuestros
Somos felices como una
Gaviota en el mar.
Corremos como
Niños pequeños
Vertiendo amor y cuidado
Nutriendo nuestra alma.
Relojes del glaciar Hubbard
Sobre nosotros curiosamente
Mientras abrazan
La nieve arrojada muy amorosamente.

Noche de verano

Noche de verano sedosa
La risa suave del viento despierta mi alma
La energía cósmica me penetra.

Veo la belleza de la noche oscura
Estrellas brillando como botones de oro
La luna está tratando de tocarlas.

Soy romántica
Mi corazón se pierde en el amor
La oscuridad saca lo mejor de mí.

El amor es encantador

Luz del sol dorada y brillante
Vertiendo calidez y amor a los ríos
Un sentido más profundo de cuidar.

El río está energizado
Moviéndose de un lugar a otro
Nutriendo la tierra.

La tierra es feliz
Ella quiere devolver
El amor es encantador.

Mi Valentín

Tú eres mi Valentín
Cuando tus ojos brillan
Como el brillo de una estrella amable
mientras me miras.
Tú eres mi Valentín
Cuando mi corazón crece tierno
mientras sonríes.
Tú eres mi Valentín
Cuando me abrazas
Por quien soy.
Eres mi Valentín en
Cada momento de mi vida
Porque tú y
Yo somos uno.

OTROS POEMAS

Sé sincero

El conocimiento hace significativa la vida
La verdad hace simple la vida
El amor hace que la vida valga la pena.

Sigue estas simples reglas
Y serás feliz
Al final del día.

Duerme por la noche
Ríe espontáneamente
Vive todos los días.

Día del padre

Un padre
Una persona muy especial
Dulces recuerdos le recuerdan
Qué emocionante fue el día
en que vio su primer bebé.

Un padre es amable y perdonador
Fuerte como una montaña
Amoroso como un soplo de aire fresco
Él entiende a su hijo
Cuando están de acuerdo o en desacuerdo.

Un padre está ahí para su hijo
En todas las formas posibles
Si todos pierden la esperanza
Él es la luz guía
Cuando el mundo se derrumba sobre su
más preciado.

Un padre no pide nada a cambio
No sabe cómo expresar que
Vive en el fondo del corazón de su hijo.
Amando como una tranquila brisa marina
Se celebra hoy con el mayor respeto.

El último atardecer

Cuando el Sol se pone
El cielo parece pálido
Lentamente la noche envuelve la Tierra
En su manta negra.
Niños durmiendo
Acogidos en el calor de su madre
Un búho se mueve rápido
Hacia su destino.
Un fuerte ruido explota
Gas venenoso
Cristales rotos
Gritos de niños indefensos.
¿Qué, qué, qué?
Un ataque
Grito indefenso
Ayuda, ayuda, ayuda.
Los últimos cuentos de hadas
la madre ha leído
El último atardecer
Los niños han visto.

Saludo a un alma eterna

Ningún *amour* puede protegernos de la muerte
Ahora descansas en paz
Invisible para tus seres queridos
Tu espíritu vive con nosotros.

Eres como un río que brota
Siempre vibrante y enérgico
Despertando a los necesitados y desamparados
Mientras abrazas su corazón.

Eres un ejemplo de visión
Eres un ejemplo de coraje
Eres un ejemplo de amor
Vives entre los que has amado.

Bote de basura

Un bote de basura verde oscuro descansa tranquilamente
Se rejuvenece estando ligero hoy.
Cada miércoles un humano lo toca
Aunque la persona de la limpieza no tiene compasión.
Él hace su trabajo rechazándolo
El bote de basura lo conoce bastante bien
Sus pasos son largos
Tiene un tacto rudo y desagradable
Se pregunta acerca de esta persona.
Los humanos comienzan a tocarlo nuevamente
Está lleno otra vez guardando sus desperdicios
Sólo recibe atención cuando pierden
Algunas posesiones valiosas.
Lo abrazan enterrando su cabeza al revés
Él sonríe a su miseria
Tan unido a un objeto
Le dan la vuelta y lo tiran al revés
Como si él fuera la causa de todo
Se queda quieto
Como contexto de la civilización moderna.

Inolvidable

La mañana es joven
Despertada del vacío de la noche anterior
Los rascacielos están ocultos
Nubes sombrías cubren el horizonte.

Otro día de nuestra vida
Las almas indiferentes luchan
Se esfuerzan por el éxito o el fracaso
Soy una de estas almas.

La superficie mojada del pavimento
Espera a que los humanos la toquen
Me caigo de bruces irremediablemente.

Un momento sorprendente
Un rostro inteligente y duro se me acerca
Cada arruga cuenta su agonía
Soledad y rechazo.

De repente ofrece su mano
Veo el regalo de compasión de Dios
Su rostro se ilumina de bondad
Quedará grabado en mí para siempre.

Dolor no contado

Las sombras de la luz del sol reflejan
Bailes carmesí naranja amarillo
Pequeña habitación en un tranquilo jardín de té
Verdes arbustos rodean el jardín.

El río fluye silenciosamente bajo los arbustos
Llevando la historia de la saga humana
Creció en este apacible suelo
Abrazando el amor y la belleza de la naturaleza.

De repente las cosas cambian
La quietud en el aire da un escalofrío
La mañana llega tan sombría como una
Gruesa capa de humo.

Se ha marchado
Se ha marchado para siempre
Un alma infligida por
Un depredador codicioso.

Amor y paz de la naturaleza
Alegría de un alma pura
Intocada por la complejidad humana
Perdida para siempre.

Esperanza

Estoy cansada y vacía por dentro
Mirando afuera a través de la ventana
Melancólica, frágil, sombría
El velo gris quita la belleza.
Trato de conectar el mundo
Solo noticias sobre locura de guerra
Mundo alegre muriendo en la desesperación.
La vida ya no brilla
El hambre humana se hace más fuerte
Mi corazón llora silenciosamente
Me pregunto: "¿Quién es el responsable?»
Mi voz interior responde
La vida es preciosa y pura
A nadie le importa nutrir y curar
La ira se convierte en rabia de tigre aullando
Destruye a la humanidad en un arrebato sin sentido.
Pensemos en devolver la libertad
Para que todos caminemos libremente en este planeta
Sin disparar a los niños.

Alma dividida

Oh todopoderoso tiempo
Pareces desaparecer
Tu eterno círculo de danza cósmica.
Girando
Creando y destruyéndonos.

Estamos perdidos en tu movimiento
Pero recuerdos inseparables
Se aferran en el centro de nuestro corazón.
Mi mente a menudo vuelve a visitar una casa
Donde no puedo volver.

Mi amada casa en el campo de arroz
Suave hierba verde abraza cariñosamente
Una foto bordada en la puerta principal
Rosas rojas en nudos franceses
Hojas verdes en punto de cachemira.

La puerta se abre para darme la bienvenida
De repente escucho la voz de mi madre
Al entrar por el porche delantero
El significado surge de ese sonido
crea nuestros días perdidos vivos.

Amplia ventana por el pórtico
Me atrae como a un viejo amigo
Me siento mirando lo más lejos que puedo

Cielo dorado brillando sobre la tierra
Mi mente se pierde en su encanto.

Gradualmente un hechizo mágico de crepúsculo
Cubre suavemente la tierra en sus brazos
La brisa de la tarde parece tocar
Las alegres hebras de baile
Olas sin fin se siguen unas a otras.

Cuando la noche envuelve la tierra en su
Manta negra para descansar
El alma de la Tierra está tranquila
Mi mente va muy adentro
Intento escuchar el murmullo de las olas.

El murmullo se convierte en voces de almas atormentadas
¿Quién no puede volver a su hogar perdido?
Países rotos en pedazos
Los vecinos se convierten en extraños
Los amigos se convierten en enemigos.

Pero el hilo interior de la tierra natal
Nunca puede ser destrozado
Vive tranquilamente en nuestro corazón
La esperanza eterna
La esperanza de la humanidad.

Caída detrás de la serenidad

Perdida en medio de los bosques inocentes
Hojas que se abrazan vistiendo
Amarillo naranja y oro
El agua tranquila del lago refleja
Una tierra de ensueño.
El cielo es sereno en tonos pastel
Una galería de fotos
Nada más que el toque del otoño
La mañana aparece como un querido amigo.
El sol se vuelve más fuerte
Las hojas gritan
La pequeña Sita es arrojada
Debajo de rocas dentadas
La caída engaña.
Sus ojos cansados en busca de rescate
agarrando ramas
Su cuerpo invadido por manos desconocidas
La inocencia asesinada
Deja testigo
Manteniendo el color de la mancha
El lago contiene la verdad.

Belleza en mi patio trasero

La casa de mi hija está junto al lago
En un pequeño pueblo del medio oeste
Me despierto temprano en la mañana
Para capturar el regalo de la naturaleza.

Estoy sentada en el patio trasero
pensativa
El lago es tranquilo y sereno
Como si siguiera durmiendo.

Alto cielo azul mirando a la tierra
Gradualmente el sol se vuelve más fuerte
La mañana llega con nueva esperanza y alegría
La lucha de ayer se pierde para siempre.

Cisnes de lugares desconocidos
Bailan en círculos
Se sumergen en el lago buscando peces
Grulla azul míralos.

Veo gente viniendo a pescar
Tomada de la mano
Son más felices que muchos otros
Están hechos el uno para el otro.

La tarde trae una visión diferente
Las olas son enérgicas
El calor del sol se vierte sobre ellas
Hasta que la noche las envuelve.

Los botes pequeños llevan niños
Pasan tranquilamente
Este es un regalo de Dios para estar juntos
En nuestro mundo apresurado.

Folsom

Yo no te conocía
Solo sabía que eres famosa por una cárcel
Un cantante sintió pena por ti
Te hizo especial cantando para ti.

He venido a ti
Ahora estoy más cerca de conocerte
Eres hermosa
Como el retrato de una doncella intacta.

El otoño transforma tus bosques
en un jardín pintado de atracción
Tu primavera trae
Bonitas flores de pétalos violeta carmesí.

Tu río nutre
Las almas sedientas de mil aves
Tienes una manera amable
De abrazar lo viejo y lo nuevo.

Me encanta tu calle Sutter
Me encantan los paseos por el casco antiguo
Amo la vieja America
Que has conservado.

Te amo FOLSOM
Eres la pequeña ciudad del lago
Doy gracias a Dios
Por darme ojos para verte.

Matrimonio arreglado

Ha sido un día abrumador
Estoy renunciando a todo
Mi independencia y mi autoestima
Mi familia y mi entorno.

Momentos ansiosos de expectativa
Latidos rápidos desconocidos
No conoces a tu compañero de vida
Estás deseando lo mejor.

Preciosa noche lista para la celebración
La luna llena extiende su toque mágico
Fuertes sonidos de caracolas crean
Un ambiente propicio de unión.

Leo mis votos mirando sus ojos
Veo dos tiernos ojos románticos
Él toma mis manos apasionadamente
Prometiendo con su tacto.

Después de muchos años de unión
Me acuerdo de mi vida matrimonial arreglada
Una vida de amor incondicional y alegría
Una amistad inesperada.

Alma preciosa

Las hijas son como cogollos especiales
Suaves y bonitas en el amor de mamá
Crecen como hermosas flores
Pasando por muchas lluvias de abril.

La vida de la madre es una llamada muy ocupada
Jugando un rol fuerte y amoroso
A veces corto, a veces alto
Tratando de mantener la calma por encima de todo.

Llora cuando llegan sus penas
Se ríe al ver sus mañanas
Mientras crecen camina a su lado
Asegurándose de que puedan deslizarse.

Su corazón crece amoroso y tierno
A medida que se hacen fuertes y sabias
Son sus mejores amigas para siempre
Incluso si la vida cambia a lo que sea.

La pérdida de un ser querido

Esta pérdida es muy repentina
Nuestros corazones pesan mucho
Un alma tan pura y enérgica
Atormentada en la lucha.

No vivimos para siempre
Pero si un alma joven se va
Estamos perdidos y consternados
¿Por qué no conocíamos su dolor?

Recordémoslo
Un alma llena de amor y compasión
Un alma llena de honestidad y sencillez
Vivamos los dulces recuerdos.

Nuestro amor

Ella es nuestra pequeña y querida alegría
Le encanta jugar con los juguetes
Ella cambia nuestro mundo
Nos convertimos en niños pequeños.

Nos olvidamos de nuestras penas
Nos reímos y jugamos
Repetimos después de ella
Lo que ella diga.

Nos encanta su sonrisa
Nos encanta su tacto suave
La queremos mucho
Ella es una delicia.

Depresión

La depresión es un estado de ánimo
No es un crimen
Los que sufren depresión
Son tiernos y amables.

El mundo parece solitario
Todos hablan a las espaldas
Perdiendo sus sentidos
Culpándote.

No regales tu valor
Sé fuerte y ten confianza
Dite todos los días
Que tiene que irse.

Todo pasa en la vida
Tristeza y felicidad
Riqueza y pobreza
¿Por qué no la depresión?

El espejo y yo

Me veo en el espejo
Veo mi reflejo
Desapareciendo, piel arrugada
ojos pálidos caídos.

Temblor que viene y se va
Veo en cámara lenta
Puedo evaluar el físico total
El cambio es cierto.

El cambio es parte del proceso
No me arrepiento en absoluto
Tengo una mente ágil y feliz
Quiero volar como un águila.

Doncella intacta

La oscuridad exterior es profunda
El horizonte es invisible
El barco se mueve a cámara lenta
Intento mirar hacia afuera.

El velo de silencio de la noche prevalece
La tierra parece solitaria
Dulce es la melodía de las olas
El corazón se vuelve más cariñoso y romántico.

Una curiosa estrella resplandeciente
Penetra mi alma tranquilamente
Rindo mi amor precioso
A la doncella intacta de mi sueño.

Invitado no invitado

Vienes como nuestro último contacto
Eres frío como el hielo
Tus alas brillantes son demasiado grandes
No tienes corazón.

Vienes silenciosamente a nuestra morada
Para robarnos la vida
Estamos indefensos ante tu presencia
Nos rendimos a ti.

Tu aguijón nos parece insoportable
Pero sabemos
Que mantienes la armonía
En el ciclo de la vida.

Acerca De La Autora

Tapati Bhaumik nació en un pequeño pueblo de la India. Tiene una maestría en Física y una licenciatura en Ciencias Informáticas. Es una amante de la poesía desde muy temprana edad. Muchos de sus poemas han sido publicados anteriormente en diferentes revistas.

www.ingramcontent.com/pod-product-compliance
Lightning Source LLC
LaVergne TN
LVHW021735060526
838200LV00052B/3279